INTRODUCING KEYNES: A GRAPHIC GUIDE by PETER PUGH & CHRIS GARRATT

Copyright: text and illustrations © 2012 ICON BOOKS LTD

This edition arranged with THE MARSH AGENCY LTD and Icon Books Ltd through BIG APPLE AGENCY, INC., LABUAN, MALAYSIA.

Simplified Chinese edition copyright:

2019 SDX JOINT PUBLISHING CO., LTD.

All rights reserved.

图画通识丛书
A Graphic Guide

凯 恩 斯

Introducing
Keynes

皮特·普(Peter Pugh)
克里斯·加勒特(Chris Garratt)/著
吴敏/译
李正伦/审校

Simplified Chinese Copyright © 2019 by SDX Joint Publishing Company.
All Rights Reserved.
本作品简体中文版权由生活·读书·新知三联书店所有。
未经许可，不得翻印。

图书在版编目（CIP）数据

凯恩斯／（英）皮特·普（Peter Pugh），（英）克里斯·加勒特（Chris Garratt）著；吴敏译；李正伦审校.—北京：生活·读书·新知三联书店，2019.8（2024.12重印）
（图画通识丛书）
ISBN 978－7－108－06550－6

Ⅰ.①凯… Ⅱ.①皮… ②克… ③吴… ④李… Ⅲ.①凯恩斯（Keynes, J.M. 1883-1946）－经济思想－研究 Ⅳ.① F091.348

中国版本图书馆 CIP 数据核字（2019）第 057661 号

责任编辑	黄新萍
装帧设计	张　红
责任校对	张　睿
责任印制	董　欢
出版发行	生活·讀書·新知 三联书店
	（北京市东城区美术馆东街 22 号 100010）
网　　址	www.sdxjpc.com
图　　字	01-2018-6773
经　　销	新华书店
印　　刷	北京隆昌伟业印刷有限公司
版　　次	2019 年 8 月北京第 1 版
	2024 年 12 月北京第 3 次印刷
开　　本	787 毫米 × 1092 毫米　1/32　印张 5.75
字　　数	40 千字　图 168 幅
印　　数	10,001－13,000 册
定　　价	35.00 元

（印装查询：01064002715；邮购查询：01084010542）

目 录

- 001 凯恩斯回来了!
- 002 如今我们都成了凯恩斯主义者
- 003 约翰·梅纳德·凯恩斯
- 004 家庭背景
- 009 凯恩斯的童年时代
- 012 凯恩斯和剑桥使徒会
- 014 道德楷模
- 015 政治楷模
- 016 凯恩斯步入社会
- 018 古典货币数量论
- 022 布鲁姆斯伯里团体
- 023 青年文化的先锋
- 026 第一次世界大战爆发
- 035 《和平的经济后果》
- 036 凯恩斯的卓越远见
- 044 凯恩斯娶了一名俄罗斯芭蕾舞演员
- 048 重返金本位
- 049 汇率机制的一场预演?
- 056 开足马力——朝着崩溃前进!
- 058 华尔街大崩盘以及全球大萧条
- 060 对德国的影响
- 062 约翰·梅纳德·凯恩斯的起起落落
- 064 《就业、利息与货币通论》,1936 年
- 066 凯恩斯——"经济学界的爱因斯坦"
- 067 凯恩斯之前的经济学
- 069 李嘉图的回复
- 070 萨伊定律
- 072 马克思的经济周期理论
- 074 马克思的观点是否正确?
- 075 经济周期

076 资本品和消费品的区别
077 加速原理
078 衰退
080 1926年英国大罢工
082 20世纪20年代的正统经济学家说……
086 答案是什么?
088 凯恩斯的解决方案
091 答案是充分就业吗?
092 是什么决定了就业水平?
094 什么是乘数?
095 乘数效应
097 哪些国家率先尝试实践凯恩斯经济学?
098 德国的例子
100 "最终的解决方案"并非凯恩斯主义的解决方案
101 对凯恩斯主义的拙劣模仿
102 再现预言!
103 拯救美国
105 多管齐下的复苏措施
108 战争是其中的一个解决办法
109 从生到死
110 为战争买单

112 战时和战后的凯恩斯主义
114 1944年7月27日,布雷顿森林协定
116 英国"金融业的敦刻尔克"
118 "美国真有那么吝啬吗?"
120 "资本主义受到国际保护"
122 "我们从来没这么好过"
126 凯恩斯主义的"微调"
128 需求微调
129 菲利普斯曲线
130 "当失业率和通货膨胀双双上涨时,将会发生什么?"
131 与此同时,在美国……
132 20世纪70年代凯恩斯被抛弃
133 什么是货币主义?
134 "新"古典经济学家
136 自然失业率
137 "那么高失业率是怎么回事?"
140 信奉货币主义的"塞尔斯登人"
142 现在,为了塞尔斯登女人!
144 货币主义者应对失业的办法
147 滞胀
148 货币主义奏效了吗?
149 货币主义政策有哪些"副作

用"呢？
150 货币主义的失败
151 那么，里根经济学呢？
153 将20世纪70年代的滞胀归咎于凯恩斯主义政策，这样做合理吗？
154 自相矛盾的凯恩斯
162 关于凯恩斯的传说
164 凯恩斯、金本位和汇率机制
168 全球化与互联网泡沫
170 约翰·梅纳德·凯恩斯的著作

170 参考文献
171 致谢
172 索引

凯恩斯回来了!

1931年1月,全世界正陷于当代史上最为严重的一次经济大萧条之中,梅纳德·凯恩斯(Maynard Keynes)在英国广播公司(BBC)的一次广播讲话中这样说道:

> 我能做出的最好的猜测是,如果你储蓄5先令(即25便士,约合现在的12英镑),那么这将会导致一个人失业一天。你每储蓄5先令,就会使一个人失业一天,依次累加。另一方面,如果你进行消费,那么这将会增加就业——虽然条件必须是英国人和英国本土生产的产品,如果所增加的是英国的就业的话……因此,英国那些爱国的家庭主妇们明天应该走出家门,进行消费。这样做对你自己是有好处的——因为东西的价格没有像现在这么便宜,便宜到你无法想象。尽情购买吧,多囤一些家用亚麻制品、床单和毯子。并且,这还能增加就业、增加国家财富,因为你所做的这些有意义的事为兰开夏郡、约克郡和贝尔法斯特带来了机会和希望。

而这正是英国政府(以及世界各国政府)在2009年试图说服其选民做的,并以减税来进行激励。

如今我们都成了凯恩斯主义者

马丁·沃尔夫(Martin Wolf)2008年年底在《金融时报》上撰文写道:

> 如今我们都成了凯恩斯主义者。巴拉克·奥巴马(Barack Obama)上台后将提出一项巨额的财政刺激计划。其他国家也在采取类似的措施。甚至,就连德国也被拽进了这场竞赛当中。

高寿的马克思主义者埃里克·霍布斯鲍姆(Eric Hobsbawm)写道:

> 这无疑是自20世纪30年代以来最严重的资本主义危机。正如马克思和熊彼特(Schumpeter)所预料的,全球化不仅摧毁了遗留下来的财产,还导致了极度的不稳定。危机一个接着一个出现。无论如何,政府应该发挥更大的作用。政府是我们的最后贷款人*,但我们可能会重返罗斯福时代的雇主是最后贷款人的情况。

正如我们将在本书中所看到的,凯恩斯解决20世纪30年代的经济问题——需求的下降导致大量失业——的办法被世界上的多数国家所采纳,而且在20世纪30年代至70年代期间,各国以多种方式加以应用。然而,英国首相撒切尔夫人和美国总统里根及其顾问认为,凯恩斯主义导致了通货膨胀,于是在20世纪80年代和90年代,凯恩斯主义不再流行。

如今,我们再一次面临同20世纪30年代早期类似的经济问题,因此,凯恩斯主义又再次盛行起来。

---

* 最后贷款人(lender of last resort),是在出现危机或流动资金短缺的情况下,负责应对资金需求的机构,通常是中央银行。——译者注(除特别标注外,以下文中注释均为译者注)

约翰·梅纳德·凯恩斯（John Maynard Keynes，1883—1946）

　　约翰·梅纳德·凯恩斯是 20 世纪最伟大、最具影响力的经济学家。他的经济理论源自 20 世纪三个重要时期的直接实践经验：**第一次世界大战后签署的和平协议、经济大萧条，以及第二次世界大战。**

家庭背景

1883年6月5日,约翰·梅纳德·凯恩斯出生在位于英国剑桥哈维路6号的住所。他的父母修建了这栋房子,并从1882年起住在这里,直到梅纳德去世。他的母亲弗洛伦斯生于1861年。在1958年去世之前,弗洛伦斯一直生活在这栋摆放着结实耐用的家具、贴着英国杰出设计师威廉·莫里斯*所设计的壁纸的房子里。

---

* William Morris,英国著名设计师、艺术家,也是一名社会主义者。

凯恩斯的父亲**约翰·内维尔·凯恩斯**（John Neville Keynes，1852—1949）在剑桥上大学期间从数学专业转到伦理学专业，因在伦理学荣誉学位考试中名列第一，被授予"高级伦理学学者"的称号，之后他成为彭布罗克学院的研究员。

内维尔曾担任经济学家阿尔弗雷德·马歇尔（Alfred Marshall，1842—1924）和哲学家亨利·西季威克（Henry Sidwick，1838—1900）的助手。其中，马歇尔认为内维尔是自己最得意的门生之一。

我从小就在父亲的教导下，在一个充满伦理学传统氛围的环境中长大。在这里，剑桥经济学和剑桥伦理哲学齐头并进。

*伯特兰·罗素（Bertrand Russell），英国哲学家，分析哲学的主要创始人。

在我的记忆中，内维尔是一位诚挚的非英国国教徒。他总是把道德放在首位，逻辑放在第二位。

伯特兰·罗素*
（1872—1970）

1942年,梅纳德在国王学院为他父亲举办的90大寿庆祝午宴上说:

内维尔出版过两本著作:《形式逻辑的研究与实践》(Studies and Exercises in Formal Logic)、《政治经济学的研究范围与方法》(The Scope and Method of Political Economy)。曾为哲学家维特根斯坦撰写传记的作家B.F.麦吉尼斯(B.F. McGuinness)认为,《形式逻辑的研究与实践》"至今仍是关于三段论演绎推理逻辑的最佳及最见功力的著作之一。"

此后,内维尔在1892年入选大学理事会参议院,开始更多地从事行政工作。他对艰苦、费神的脑力工作越来越不感兴趣,并甘愿回归家庭的安乐窝中。

1885年2月4日,梅纳德的妹妹出生,取名**玛格丽特**。随后,在1887年3月25日他的弟弟**杰弗里**出生。

梅纳德的母亲**弗洛伦斯·艾达·凯恩斯**（Florence Ada Keynes，1861—1958）投身于公益事业和社会服务。她加入了剑桥关爱女孩协会、国家体育教育和发展协会，以及当地的慈善组织社团。

凯恩斯的童年时代

梅纳德生活在这个殷实的中产阶级知识分子家庭,从小便显出早熟的一面。

因其在数学方面的过人优势,他以国王奖学金第十名的好成绩进入伊顿公学。

伊顿公学的学习气氛浓郁，学生们都住在一栋被称为"学院"的楼里。在此求学期间，凯恩斯表现优异，获得了许多奖项：一年级获得10个奖项，二年级获得18个奖项，三年级获得11个奖项，并且他几乎包揽了学校所有重要数学竞赛的奖项。

此外，他的英文水平精湛，这为他后来取得巨大成功打下了坚实的基础（梅纳德的父母都是热爱阅读之人，这个习惯也感染了他们的孩子）。

梅纳德并不是一个书呆子。他积极参加各项体育活动，但却没有什么运动天赋。

凯恩斯的第一任传记作家罗伊·哈罗德爵士（Sir Roy Harrod，1900—1978）这样说道：

* Pop，是伊顿公学最难进的社团之一，成员人数受到严格控制。

凯恩斯和剑桥使徒会

1902年，凯恩斯进入剑桥大学国王学院。该校建于1441年，是伊顿公学的姐妹学校。

他获得了奖学金，每年有80英镑，并且免学费和住宿费。像在伊顿公学时一样，他很轻松地融入了剑桥的生活当中。

使徒会在伦敦的延伸圈子便是大名鼎鼎的布鲁姆斯伯里团体（Bloomsbury Group）。这个圈子里的人认为自己才是"真实的"，而其他芸芸众生则只是"表象的"。

道德楷模

在这段时间,著有《伦理学原理》一书的 **G.E. 摩尔**(G.E. Moore,1873—1958)成为凯恩斯心目中伟大的道德英雄。摩尔 13—15 岁时在达利奇上学。在这期间,他是个十分虔诚的教徒。遇到难题时,他总会问:

后来,他渐渐失去了信仰,并向所有观点和主张发起挑战。

凯恩斯在谈及摩尔时说道：

"我们接受摩尔的宗教信仰，但摒弃他的道德观。诚然，我们认为他的宗教信仰里最突出的优势是让道德观变得无用——此处的'宗教信仰'是指一个人对于自己和终极目标的看法和态度，而'道德观'是指一个人对于外部世界和中间状态及目标的看法和态度。"

政治楷模

凯恩斯心目中伟大的政治英雄是辉格党作家、哲学家**埃德蒙·伯克**（Edmund Burke，1792—1797）。

我欣赏他倡导实际便利高于抽象权利。

凯恩斯步入社会

结束在剑桥的学习生活之后,凯恩斯开始了国家公务员生涯,并在 1906 年成为印度事务部下属军事司的一名初级文职人员。

他对这份工作并不满意。

1909年,凯恩斯重新回到剑桥,并凭有关概率论的论文而获得国王学院的成绩优异奖学金。他搬进了位于从国王小巷通向韦伯广场的门房上的套房里,并一直居住在此,直到1946年去世。

米考伯法则
1. 年度收入 20英镑
年度支出 19英镑19先令6便士
= 幸福
2. 年度收入 20英镑
年度支出 20英镑零6便士
= 不幸

我开始教授经济学,但是我从没获得过任何经济学的学位!

1911年10月,凯恩斯被委以《经济学杂志》(*Economic Journal*)主编一职,并在1912年入选成为精英团体政治经济学俱乐部(Political Economy Club)的一员。

古典货币数量论

1914年以前,凯恩斯尚未在阿尔弗雷德·马歇尔的基础之上发展货币理论。马歇尔是英国学院派经济学的真正奠基人。马歇尔提出的观点认为,贫富两极分化是一个社会最可耻的部分。

这是什么意思呢?

数量理论家解释说,**价格水平**的变动是由货币供给的变动引起的。(因为那时存在"金本位",也就是说,所有的货币都能兑换为相应价值的黄金,更多的货币意味着更多的黄金,反之亦然。)

因此,根据这个定义或者至少按照这样的假设,关于货币**价值**的变动会影响对商品和服务的真实需求这一可能性便被排除在外了。

那么,这样的假设是否正确呢?

根据凯恩斯后来的观点,这样的假设是**错误的**。而根据古典经济学家以及后来的货币学派的观点,这样的假设是**正确的**。

是的,数量理论学家的**货币供给理论**类似于近来的货币主义理论。这也是为什么在 20 世纪 70 年代货币主义者被称为"新古典主义经济学家"的原因。我们会在后文进一步讲述。

古典理论推崇节俭。否则，将没有足够的储蓄用于投资，也没有足够的储蓄用于生产，以满足人们的需求。价格的上涨和下跌都是不公平的。价格上涨让储蓄者获得的债务人利息变少，而价格下跌则导致经济不景气，使企业家受损。

直到1914年,凯恩斯一直遵循这一套简单的理论。因为彼时的欧洲没有发展该理论的迫切需求和动力。

布鲁姆斯伯里团体

凯恩斯从使徒会毕业,加入了布鲁姆斯伯里团体,该名称来源于伦敦市区比邻的两个广场区域,那时这里还是一个不太时髦的地方。该团体由**莱斯利·史蒂芬(Leslie Stephen,1832—1904)**的四个子女于1905年组建。

青年文化的先锋

伦纳德·伍尔夫(Leonard Woolf, 1880—1969)是其中的领袖人物之一。他将布鲁姆斯伯里团体的立场和态度进行了如下确切的概括:

我们坚信任何年过25岁的人都是"毫无希望的",除去一两个极为特殊的情况。他们失去了年轻人的活力,无法感知真伪,也没有能力去伪存真……
……我们身处意识变革的初期,对社会、政治、宗教、道德、知识和艺术界的成规进行反抗,与父辈和祖父辈的信仰和标准格格不入……
……我们努力构建新的行为规范;我们是新社会的建设者,新的社会将是一个自由的、理性的、文明的、追求真理与美的社会。

"布鲁姆斯伯里"一词在英语中更多地是作为一个文化名词,而非地理名词。凯恩斯满怀热情地加入这个团体,还资助了好些个较为贫困的成员。在此期间,他与**利顿·斯特雷奇**的侄子、艺术家**邓肯·格兰特**(Duncan Grant,1885—1978)的风流韵事是最为轰动的。

凯恩斯一直对统计很感兴趣。他在日记里详细记录了经济、板球或是高尔夫球方面的事,以及与格兰特和其他人的性事。在同性恋被视为犯罪的年代,凯恩斯用缩写、绰号来记录,或者仅是简单地写上几句。

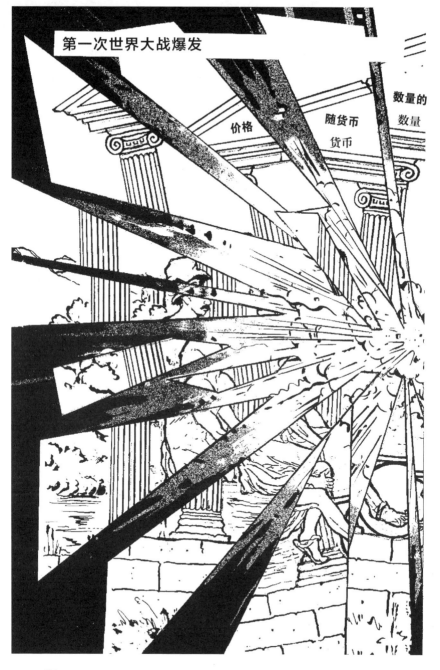

1914年，第一次世界大战爆发，随后凯恩斯进入财政部工作，并很快成为政府最高层的顾问。有说法认为，在把美国牵扯进战争方面，他起到了推波助澜的作用。

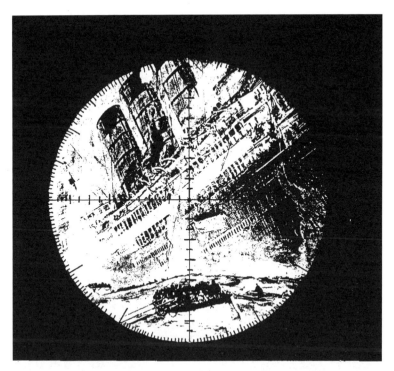

德国人增加了其潜艇活动,展开潜艇战,这成为美国参战的一个重要诱因。*凯恩斯被提拔为一个新成立的部门的头儿,专门处理所有关于对外金融事务的问题。

---

*当时,美国的资源是通过海上贸易进入英国等欧洲国家。德国展开潜艇战的目的是切断协约国从美国获得资源的途径。德国的这一举动让展开和谈的希望破灭。随后,在1917年4月6日,美国对德宣战。

1919年，在凡尔赛宫举行的巴黎和会上，凯恩斯负责有关财政的事宜。至此，他已经为和约中德国赔偿款项一事忙活了两个月。

英国战时内阁成立了一个特别委员会。该委员会主要受英格兰银行*掌控,建议赔款数额为 **240 亿英镑**(约合现在的 1 万亿英镑)。

* 英格兰银行是英国的中央银行。

凯恩斯的团队给出了两个数字。

应减少协约国内部的所有债务,并重建欧洲的信用。美国要确保其出口的产品有需求,而昔日的敌人——德国及其同盟国则需要获得资金来养活自己的国民。

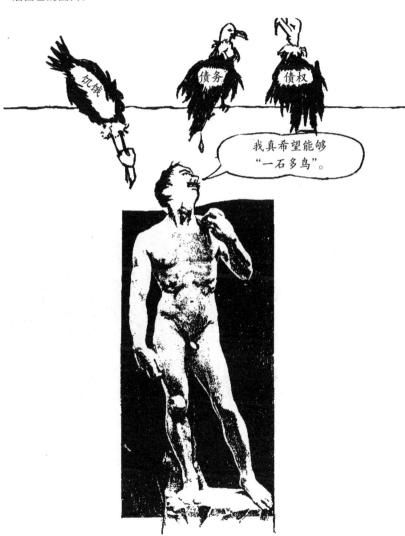

美国说：谢谢——但是，不用了，谢谢！

凯恩斯辞去财政部的职务，并撰写了《和平的经济后果》(The Economic Consequences of the Peace) 一书。这是 20 世纪最重要的、影响最深远的著作之一。

《和平的经济后果》

在书中，凯恩斯抨击了协约国的三个主要领导者。

凯恩斯的卓越远见

他曾写道:

"我已身心俱疲,对那些强加给德国的不公允、不明智的措施感到焦虑,并且发自内心地厌恶、失望和灰心。"

凯恩斯是如何评价德国偿还赔款的能力的呢?

"德国只能依靠贸易顺差来偿还赔款。战前,德国的贸易逆差已高达7400万英镑。通过减少进口和增加出口,德国有可能将它转为5000万英镑的贸易顺差。以30年摊还期来计算,这相当于总额为17亿英镑的资本以年投资回报率6%计算而获得的收入。再加上价值1亿~2亿英镑的黄金和各种资产赔偿,我认为20亿英镑是在德国偿还能力范围内的安全支付极限。"

除了其偿还能力，凯恩斯还质疑德国的**偿债意愿**。

"我不相信德国能够一直偿还这些赔款，最多也就能偿还几年吧。毕竟这些赔偿项目是违背人性的，是不符合时代精神的。"

他提出了一些其他的意见和措施。

将德国的损害赔偿控制在20亿英镑之内

取消协约国内部的债务

建立欧洲自由贸易区

安排国际贷款，以稳定汇率

鼓励德国在东欧，包括俄国，发挥其天然的组织作用。*

---

*凯恩斯认为，发挥德国的组织作用，将包括俄国在内的东欧地区重新纳入欧洲大陆的贸易体系，以遏制共产主义的发展。

如果凯恩斯的主张没有被采纳,那将会发生什么呢?

我断言,复仇将来势汹汹。反动势力和绝望求变的革命之间终将导致一场战争,而什么都无法阻碍和拖延战争的爆发。相比之下,过去那场德国战争将会相形见绌。无论谁是胜者,这场战争都将摧毁我们这一代人所创造的文明和取得的进步。

约翰·梅纳德·凯恩斯

凯恩斯的这本著作畅销全球,各方都给予了高度评价。

亚瑟·庇古(Arthur Pigou,1877—1959)是继马歇尔之后的剑桥大学政治经济学教授,是剑桥学派的代表人物。

其他人则认为这本著作所产生的影响扰乱了全球局势,原因有三:

凯恩斯的传记作家**罗伯特·斯基德尔斯基**（Robert Skidelsky，1939—　）认为：

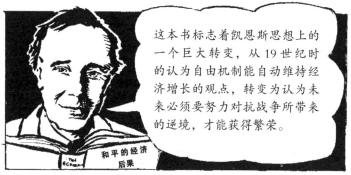

这本书标志着凯恩斯思想上的一个巨大转变，从19世纪时的认为自由机制能自动维持经济增长的观点，转变为认为未来必须要努力对抗战争所带来的逆境，才能获得繁荣。

战争结束后，凯恩斯返回剑桥大学，在那里教书、演讲和写作。从1922年起，他开始教授"货币理论"（Theory of Money），1932年改为"生产的货币理论"（Monetary Theory of Production）。在此期间，他继续保持着与布鲁姆斯伯里团体的关系。这个团体在文化领域的影响力依然非常强大。

通过布鲁姆斯伯里，更多的知识巨匠进入了人们的视野，比如陀思妥耶夫斯基、普鲁斯特、契诃夫、塞尚、马蒂斯、毕加索和弗洛伊德。

凯恩斯通过为报纸、杂志撰写文章来赚取外快,包括《星期日泰晤士报》《曼彻斯特卫报》《旗帜晚报》《国民周刊》(后并入《新政治家周刊》),以及美国杂志《人人》和《新共和》。

凯恩斯娶了一名俄罗斯芭蕾舞演员

当凯恩斯遇到俄罗斯芭蕾舞演员**莉迪亚·卢波科娃**(Lydia Lopokova, 1892—1981)时,他坠入了爱河,并结束了自己的同性恋情。两人于 1925 年结婚。然而,他们当初并不是一见钟情……

但当他们相遇时,凯恩斯完全被她迷倒了。虽然两人婚后没有孕育子嗣,但莉迪亚一直是凯恩斯余生中的快乐源泉。

虽然莉迪亚没有接受过什么正规教育,但她非常聪明,是个无拘无束的人。她说的英语很有特色,凯恩斯称之为"莉迪亚式说法"。

我和格雷夫人一起饮茶。她有一个卵巢*想展示给所有人看。

现在,你们这帮小伙子想要在这儿做个小水潭吧**……

---

* 原文为 ovary,即卵巢之意,应该是发音特别所致。推测是 ivory,即象牙。——编注

** 原文是 do your little waters,这里取直译,展示"莉迪亚式英语"。结合上文,推测为饮茶之意。——编注

并不是凯恩斯的所有朋友都接受莉迪亚。伦纳德·伍尔夫和弗吉尼娅·伍尔夫就曾大肆批评她。同样，他们也对凯恩斯颇有怨言，认为凯恩斯虽聪慧过人，但性格却很糟糕。

也许是为了莉迪亚,凯恩斯在20世纪30年代出资修建了剑桥艺术剧院。

那时,人们对剧院有着迫切的需求,因为城里的两座商业剧院都已经关闭了。"新剧院"(The New Theatre)变成了电影院,而曾在20世纪20年代末和30年代初享誉剑桥的"节日剧院"(Festival Theatre)则失去了金主的支持。除此之外,ADC剧院在1933年遭遇了一场火灾,舞台被毁。

1936年2月3日,也就是《就业、利息与货币通论》发表的前一晚,凯恩斯资助兴建的剑桥艺术剧院正式开张。当晚的节目由维克—威尔士芭蕾舞团演出。

随后,剧院又上演了易卜生的四部剧作品,莉迪亚担任了其中第一部和最后一部的女主角。1938年,凯恩斯将剧院改为信托机构,并一直运营很成功。

重返金本位

英国以英镑兑美元 1∶4.86 的战前汇率重返金本位,而凯恩斯在 20 世纪 20 年代的大部分时间内都反对这项政策。他在 1923 年出版的新书《货币改革论》(*A Tract on Monetary Reform*)中指出,英国不应该重回战前的金本位制。

本书的中心思想是,货币政策应该用来稳定价格水平以及货币需求。通过改变市场上可获得的信贷数量来熨平经济周期的波动。

汇率机制的一场预演？

通货膨胀缺乏正当的理由，而通货紧缩则是不明智的选择。两者相较，通货紧缩更为糟糕。

在一个贫穷的世界，造成失业比损害食利者的利益更糟糕。

在凯恩斯看来，如果英国以战前的利率水平重返金本位，那么将导致无法通过管理国内市场价格来维护商业发展与社会稳定。如果非要做选择的话，价格稳定远比**汇率稳定**更为重要。

这听起来像是我们1992年时放弃的欧共体汇率机制！

约翰·梅杰（John Major）

我想知道凯恩斯对汇率机制有什么看法？

诺曼·拉蒙特（Norman Lamont）

你猜呢？

J. M. 凯恩斯

汇率政策应服从于国内经济的需要。由于全球大部分黄金都在美国的手里,重返金本位便意味着牺牲对经济的控制权,将其拱手让给美联储。*

与古典经济学的观点不同,凯恩斯认为经济的健康非常重要,不能**自由放任**,任由市场力量决定。

---

*美联储负责履行美国的中央银行的职责。

凯恩斯遭到了来自所有经济界支柱机构的反对。

至于金融记者,凯恩斯在1925年3月28日写给《泰晤士报》的信中称:

> 与财经编辑讨论货币改革就如同60年前与主教讨论达尔文进化论。但即便是主教,最终也不再反对达尔文进化论,那为什么财经编辑们不肯与时俱进呢?
>
> 约翰·梅纳德·凯恩斯 敬上
> 剑桥国王学院

他写信给莉迪亚说:

> 哦!经济学家确实不是主宰者,但他们本应该是!相比那些将军、外交官和善于雄辩的律师,经济学家是更好的、更聪明的管理者。在现代这个人口过剩的世界,只有对经济进行适当的调整,才能让人们更好地生存下去,因此经济学家不仅是有用的,而且还是不可或缺的。
>
> 就写到这儿吧,我得赶去码头了。
>
> 爱你的梅纳德

凯恩斯还是输了。1925年,随着温斯顿·丘吉尔就任财政大臣,英国重返金本位,英镑对美元的汇率固定为战前的1∶4.86。这促使凯恩斯写就了《丘吉尔先生政策的经济后果》(*The Economic Consequences of Mr. Churchill*)一书。

汇率提高10%的政策意味着我们的出口工业所获得的英镑收入将减少10%。而削减信贷的政策只能使工资降低,人们因失业而导致生活费用减少。通货紧缩不会导致工资自动下降。**它只有在造成失业时,才会导致工资下降。**

不管重返金本位的论据是什么，主要观点是：19世纪是很长的经济稳定和稳步增长期。不过，历史是站在凯恩斯这边的。如今几乎人人都认同英镑在1925—1931年间被高估了。

黑色星期三！

正如同我们在1992年退出欧洲汇率机制时英镑被高估。

当1931年英国最终放弃金本位时，凯恩斯写道：

> 1925年重返金本位，而且是回到一个不恰当的汇率水平，导致银行在调节经济方面面临无法克服的巨大困难。一方面，<u>要执行这种汇率显然是不现实的，因为这需要高银行利率或信贷萎缩来制造足够显著的通货紧缩</u>，从而降低内部成本，使其符合当时采取的购买力平价汇率水平。另一方面，维持低银行利率会使伦敦失去对短期外资的吸引力，导致央行的黄金迅速流失，以及金本位更早崩溃。

啪嗒-啪嗒-啪嗒-啪嗒-啪嗒-啪嗒-啪嗒-啪嗒-叮！

银行实际上选择采取中间道路的做法，最终导致这一不稳定的制度坍塌了。

那些由国际市场决定的商品价格出现疯涨，其他的价格增长幅度则相对较小。而工资调整更为缓慢。受影响最严重的是那些产品大量涉及出口的公司。一场巨大的贸易逆差只是在对整体经济进行了压制的情况下才得以避免。凯恩斯对英格兰银行的政策及其信贷约束进行了抨击。

开足马力——朝着崩溃前进！

20世纪20年代，当英国挣扎着摆脱高失业率时，美国正在繁荣发展。此时的美国失业率低，产出、工资和利润稳步上升，年复一年，持续不断。然而，价格依然稳定。经济学家和政治家认为，美国的这种繁荣并非正常的经济景气期，因为这样的繁荣本应该引起价格的上涨。

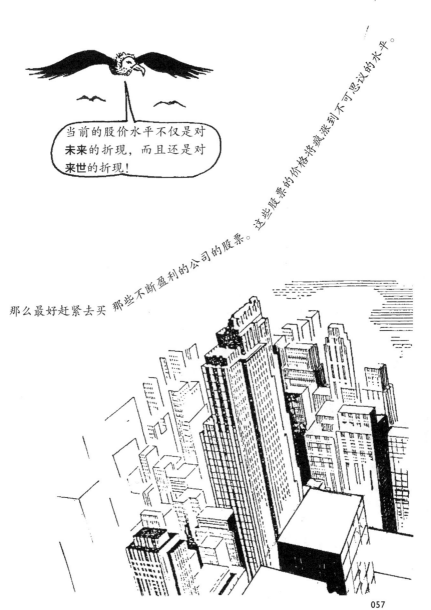

华尔街大崩盘以及全球大萧条

1929年10月，股市崩溃。短短一个月内，股价下跌了1/3。

股价在1930年4月停止下跌并小幅回升。这是一次"死猫反弹"*。随后，股价再次跳水，并在接下来的两年中继续下探。

> *"死猫反弹"是股市行话，指的是股价在经历长期下跌之后，在短期内迅速反弹，接着又继续下跌的情况。

到1932年年中，工业股票的平均价格仅为1929年10月时的15%。有人认为华尔街大崩盘是20世纪30年代早期世界经济大衰退的导火索，但其实这并不是引起这场经济大衰退的真正原因。

真正的原因并不新颖,那便是经济周期的**上升与下降**这一老生常谈的问题。

20世纪20年代,经济飞速增长。

资本品(Capital goods)的产出在1927年至1929年间增长了近1/4……

然而,经济早在华尔街大崩盘之前就开始出现下跌,并且持续猛烈下跌。

……到1932年,资本品的产出仅是1929年时的1/4……

消费品(Consumer goods)的产出也出现大幅下降,但降幅相对要小一些。这导致1932年时的工业产量仅为1929年的一半。

……美国的失业人口从1929年的150万人上升至1932年的1200万人。

对德国的影响

全世界都遭受了国际债务风险的严重影响。美国在 20 世纪 20 年代进行了大量的海外投资,尤其是在德国。直到 20 世纪 20 年代末,美国对德国的投资才开始下降……

……急需资金的德国工业开始出现萎缩,而德国无法偿还赔款以及履行对法国和英国的其他债务。这也导致了与华尔街大崩盘一样的对现金的疯狂掠夺。情况进一步恶化……

约翰·梅纳德·凯恩斯的起起落落

由于20世纪20年代经济衰退,凯恩斯再一次濒临破产。

然而,他挺过来了。到1936年时,他的资产又达到了50万英镑(约合2000年的2500万英镑)。

---

* *Study*。这幅画是法国著名的后印象派画家乔治·修拉的《大碗岛的星期天下午》(*A Sunday on La Grande Jatte*)的习作。1919年,在邓肯·格兰特的建议下,凯恩斯花了400英镑购买这幅画。

凯恩斯的大部分钱都是在美国赚到的，当时华尔街股市的价格比 1932 年时的低点翻了三番，而伦敦的股市则几乎没有怎么涨。这是件很有意思的事，因为凯恩斯曾公开反对他最亲近的合伙人**奥斯瓦尔德·福尔克**（Oswald Falk, 1881—1972），而在福尔克 1930 年的备忘录中这样写着：

《就业、利息与货币通论》,1936年

1936年,《就业、利息与货币通论》(以下简称《通论》)出版,而全球经济大萧条是凯恩斯这部伟大著作的创作背景。如果说《和平的经济后果》是20世纪最具影响力的著作之一,那么《通论》可能就是那部最具影响力的著作。

读不懂这本书啊!

**公共阅览室
禁止打呼噜**

保罗·萨缪尔森*(Paul Samuelson,1915年出生),经济学家、凯恩斯的信徒。

"这本书写得并不好,结构松散……语气傲慢、措辞强硬、极具争议性……而且内容杂乱无章:非自愿性失业、单位工资、储蓄与投资的均衡、乘数的倍数、边际效率与利率及其他因素的关系……作者的真知灼见和直觉散布在乏味冗长的代数表达中。尴尬的定义突然终止,被令人难忘的华彩乐章所取代。在最终消化完这本书后,我们发现它的分析是如此一目了然,又是如此新颖。总之,这是一部天才之作。"

* 保罗·萨缪尔森于2009年逝世。

早在 1936 年之前，凯恩斯便是一位在全球享有声望的人物，不管他写什么，都会立即引起全世界金融和经济领域那些颇具影响力的人物的关注。在大西洋两岸，对这本书的热情最高的是那些年轻的经济学家们。

凯恩斯——"经济学界的爱因斯坦"

对《通论》最为尖锐的批评之一来自于**亚瑟·庇古**。作为福利经济学的开创者,他建立了有关政府干预的经济理论。他认为,《通论》是对马歇尔以及自己的著作《失业理论》(*Theory of Unemployment*, 1933)的批判。

"爱因斯坦确实为物理学做出了巨大贡献,而凯恩斯先生认为自己为经济学所做的贡献如同爱因斯坦一样。爱因斯坦建立了一个影响深远的广义理论,并将牛顿的结论作为一个特例纳入其中。但爱因斯坦在公布自己的发现时,极力避免暗示牛顿及其追随者都是一帮无能的笨蛋——通过那些精心的遣词就能看出这一用意。"

如果说我是"爱因斯坦",那谁是经济学界的"牛顿"呢?

换言之,凯恩斯到底改革了什么?让我们先来看看凯恩斯之前的经济学吧。

凯恩斯之前的经济学

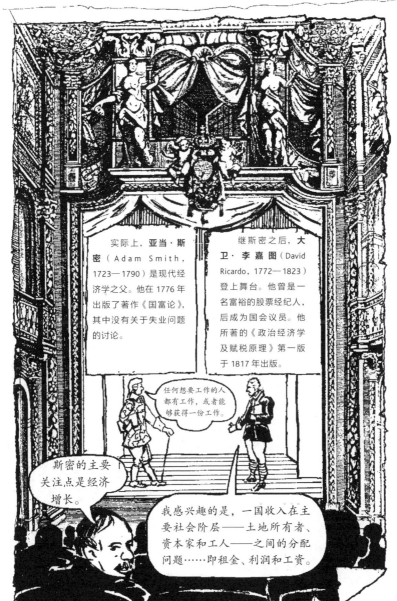

实际上，**亚当·斯密**（Adam Smith, 1723—1790）是现代经济学之父。他在 1776 年出版了著作《国富论》，其中没有关于失业问题的讨论。

继斯密之后，**大卫·李嘉图**（David Ricardo, 1772—1823）登上舞台。他曾是一名富裕的股票经纪人，后成为国会议员。他所著的《政治经济学及赋税原理》第一版于 1817 年出版。

任何想要工作的人都有工作，或者能够获得一份工作。

斯密的主要关注点是经济增长。

我感兴趣的是，一国收入在主要社会阶层——土地所有者、资本家和工人——之间的分配问题……即租金、利润和工资。

李嘉图的回复

确实有可能出现商品的供大于求,但这仅是**特定**商品的**暂时性**的供大于求。一些突发事件,比如战争、税收变化或者潮流的变化,都能够导致对于某些特定商品的需求下降并造成失业。然而,对于一种商品的需求下降,对于另一种商品的需求就会增加。过不了多久,将再次达到平衡。因而人或机器的失业只可能是暂时的。

李嘉图对马尔萨斯的回复成为19世纪20年代至20世纪20年代正统经济学恒久的话题。

---

* 从16世纪开始,包括荷兰、德国北部和英格兰在内的欧洲新教区域与西班牙的天主教处于敌对状态。西班牙在当时是欧洲国力最强的国家。于是,无法在军事上战胜西班牙的新教国家在宣传方面制造了一个邪恶、黑暗的西班牙宗教裁判所的形象。——编注

萨伊定律

由于那时没有证券交易所，不能通过发行股票的方式来筹集资金，而且银行借贷也不够发达，因此商人们必须这么做。

马克思的经济周期理论

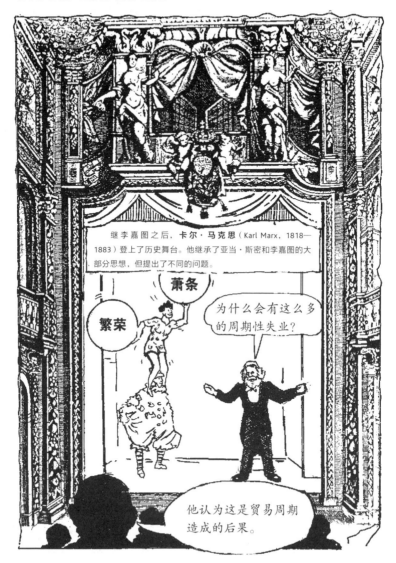

在马克思看来,繁荣和萧条的经济周期将表现得越来越严重,直到整个资本主义制度瓦解。

他还发现，经济越来越被大型的垄断者所主导，而他们只将其利润的**一部分**用于投资。

马克思的观点是否正确?

20 世纪 20 年代出现了大量失业,马克思的预言似乎成为了现实。而他所预言的革命也爆发了——虽然是发生在俄国,这与他预计的情况不太一样——大部分精英分子都在寻找解决办法,最终苏维埃共产主义诞生了。

这些知识分子忽略了一点,那就是:在马克思的方案中,工人的生活水平将维持在最低的生存标准上。

实际上,即使是在 1930 年经济萧条时期,英国工人的生活水平也比其祖父辈在 1860 年时的水平要高出一倍。不过,马克思有力地指出……

社会的生产能力将超过其消费能力。

经济周期

19世纪经济思想方面的另一个重要发展,便是接受**经济周期**或**商业周期**的观点。通常认为,这一周期会持续8—10年。

在经历三四年的衰退后,一切都处于停滞状态并开始出现上升态势,于是新的周期又开始了。

到20世纪早期,人们对工业化国家的经济周期给出了很多解释,并就引起周期变化的**原因**达成共识。

资本品和消费品的区别

造成经济衰退的原因是：工业制造**资本品**（如用于生产的机器和设备）的扩张速度要快于制造**消费品**（如商店里贩卖的商品）的速度。那么，当达到充分就业时，生产就出现扭曲，因为用于制造资本品的人力和资金都太多了，但用于制造消费品的则太少。

加速原理

为什么经济扩张会带来资本品行业更好的发展呢?答案就是**加速原理**。消费品需求的微小变化都将导致对用于制造这些消费品的资本品的需求发生**巨大**变化。

示例

工厂生产 1 万台电动吐司机,每台售价 10 英镑,为此需要购置价值 40 万英镑的机器进行生产。

每年有 10% 的机器需要淘汰,因此必须花费 4 万英镑购置新机器。

如此,可一直保持均衡状态。但在经济扩张时期,市场对吐司机的需求可能会增加,比如增加 10%,达到 1.1 万台。

工厂为生产一台吐司机已经花费了 40 英镑(40 万英镑除以 1 万),但还必须花费 4 万英镑用于购置新机器,来生产更多的吐司机。

那么,在这一年,工厂的投资从 4 万英镑增加到了 8 万英镑,增长了 **100%**,用以应对 **10%** 的消费需求增长。

衰退

同样地，**加速原理**反过来也是适用的。当消费者的需求下降时，资本品制造商对新机器的需求也将出现下跌，而且跌幅更大。

1913—1920年，工资快速增长。事实上，工资增长了两倍。

正如理论和经验所示，始于 1920 年的严重经济衰退导致工资和物价双双下跌，并在接下来的 3 年中又下跌了约 1/3。然而，由于英国重返金本位，回到战前 1 英镑兑换 4.86 美元的汇率水平，因此英国的出口仍然缺乏竞争力。

工资还应该继续下降。而且，我们相信这会自动实现。

在缺乏进一步的有力的通货紧缩政策的情况下，我怀疑工资是不会自动下降的！

由于失业率已经超过 10%，凯恩斯认为重返金本位的代价实在是太高了。

1926年英国大罢工

凯恩斯的观点遭到了反对,尤其是来自煤矿主的反对。受迫于英镑价值被高估,对出口价格造成不利影响,煤矿主试图将工资下降10%—25%,这最终导致英国在1926年出现了**大罢工**。

我们失败了,而且还只能接受更低的工资水平重新回这里上班。

但在其他很多行业,工资保持在1925年时的水平,而英国的出口在接下来的几年中仍然缺乏竞争力。失业率依旧很高。

丘吉尔为重返金本位进行了辩护。

* 墨西哥湾暖流是大西洋上重要的洋流,起源于墨西哥湾,像一条巨大的"暖水管",温暖了所有经过地区的空气,使西欧和北欧沿海地区成为暖湿的海洋性气候。——编注

20世纪20年代的正统经济学家说……

* restrictive business practices,即生产商滥用自己的行业地位限制新厂商进入,或阻止公平竞争。

到 1931 年，随着世界形势的急转直下，英国为此付出了代价。到 7 月末时，央行的黄金以每周 1500 万英镑的速度流失，英国的储备缩减至 1.33 亿英镑。

乔治·梅爵士（Sir George May，1871—1946）主持建立了国家支出委员会。

> 我们建议增税并大幅削减支出，尤其是要减少失业津贴。

> 真是不幸，这是我读过的最愚蠢的文件！

国家支出委员会

这篇报告传达的信息进一步引起了恐慌并加剧了黄金的外流。最终，当仅存的黄金储备消耗殆尽时，英国政府终止了以黄金进行结算的方式。

随即,英镑兑美元的汇率从 1∶4.86 降至 1∶3.58,贬值 26%。一开始,这让英国的出口竞争力大大增强。但是,其他国家的货币也贬值了,于是导致为保护就业而增加关税的努力化为泡影。这对于世界贸易产生了灾难性的影响。贸易量降至 1929 年的 1/3。英国的失业率达到 22%。德国和美国的失业率甚至更高。

在 20 世纪 90 年代,我们再一次面临经济衰退和失业的双重打击……同样,还面临着贸易战的威胁。

答案是什么?

继承 19 世纪经济学思想的正统经济学家给出的答案是:充分就业是正常的,只需假以时日便会实现。

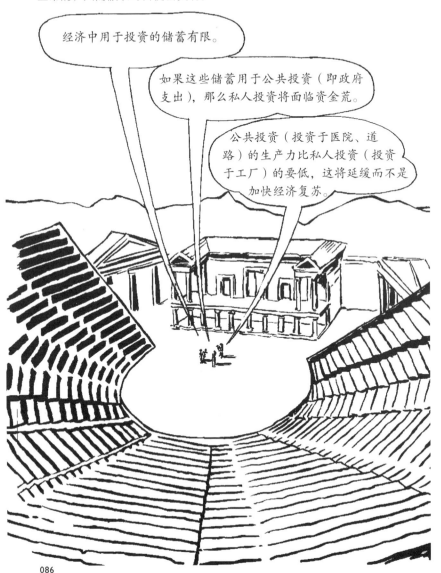

凯恩斯的解决方案

关于正统观点,咱们就谈这么多吧。在《通论》中,凯恩斯提出了一些新的不同的建议。1935年1月,他在写给**萧伯纳**(George Bernard Shaw,1856—1950)的信中说:

……我相信我正在写的这本经济理论著作将极大地改变全世界思考经济问题的方式(我不敢说会立即产生影响,但在接下来的几年里定会产生重大影响)……

---

* Pygmalion,萧伯纳所著同名小说中的主人公。

凯恩斯摈弃了古典功利主义关于**自由放任**的自由市场和最小化政府干预的观点。

杰里米·边沁
（Jeremy Bentham, 1748—1832）

……个人利己主义并不能产生理想的结果，我觉得国家应该进行干预，设置界限，制定规则来规范遗产税、收入、再分配，以及进行货币监管。

他发现，"什么都不做，等待充分就业自动实现"这一剂古典学派的药方已经不再适用。

答案是充分就业吗?

凯恩斯对充分就业这一业已被大家所接受的说法提出了挑战。他质问:"为什么就应该充分就业呢?"此言震惊了传统经济学界,它包含了一个强有力的信息,即充分就业并不能自动实现,政府**有义务**采取措施来实现充分就业。

为实现充分就业所必要采用的中央控制,将不出意外地包括大规模扩展政府的传统职能。

是什么决定了就业水平?

凯恩斯认为,**产出水平**决定**就业水平**。反过来,产出水平又是由有效需求水平所决定的,或者购买商品和服务的水平。

所购买的东西要不被消费掉,要不被用于投资。如果购买力水平不足以消化一国所能生产的东西,那么将导致失业……而失业会一直持续下去,直到购买力水平开始增长。

与经济学家之前所说的不同,并不存在什么力量能确保自动实现充分就业。

严重的失业形势可能会持续数年(毕竟,自1920年以来英国的失业率就不曾低于10%)。

对凯恩斯而言，相较于让人们赋闲在家或给他们一些少得可怜的补贴，甚至不给补贴，更为有效的办法是雇人工作（不管做什么工作）并支付报酬。他一如既往地、形象地表达了自己的观点：

政府采取措施是必要的，也许是通过降低利率，或者通过公共投资项目来实现。

再加上**乘数效应**的作用，这些措施的实施可再次实现充分就业。

什么是乘数?

乘数与**个人的边际消费倾向**(MPC)相关。边际消费倾向是指个人收入*增长*中用于消费的部分。

示例

收入增加	= £1000
用于消费的支出	= £ 800
边际消费倾向 MPC	= 800/1000 或 0.8
边际*储蓄*倾向 MPS	= 200/1000 或 0.2

烧水壶　加热板　吐司架

乘数效应

凯恩斯认为，**边际消费倾向**的大小对于实现理想的均衡状态所需的国民收入变化的规模而言至关重要。在均衡状态下，生产者能够生产出消费者所需要消费的东西。

……或是边际消费倾向连锁反应……

那么……

最终的乘数效应将不是 1000 英镑,而是

£1000+£800+£640+£512+……

最终的乘数效应因子为 5。

由于"漏出效应"(Leakage Effect),在英国,乘数因子最多能达到 2 或 3,即使边际消费倾向为 0.8 或 0.9。

凯恩斯发展出乘数原理,他"最爱的学生"**理查德·卡恩**(Richard Kahn),功不可没。

哪些国家率先尝试实践凯恩斯经济学?

普遍认为有三个主要经济体在 20 世纪 30 年代尝试采用了凯恩斯的这一解决办法。

瑞典、**德国**和**美国**受到了那些与凯恩斯志同道合的经济学家的影响。

1932 年,**瑞典**重回工党手中,工党政府致力于公共投资项目。瑞典在经济大萧条中所遭受的打击并不像其他国家那样严重。1932 年时瑞典的工业生产为 1929 年的 89%,相比之下,英国的该比例为 84%,法国为 72%,德国和美国均为 53%。

……但失业人口依然在急剧增加。

然而,复苏很快到来。到 1934 年,实际产出恢复到了 1929 年时的水平,到 1935 年时甚至比 1929 年时的水平增长了 7%。在 20 世纪 30 年代的后几年,瑞典继续保持了这种增长势头,该国财政部部长也乐于增加预算赤字以刺激经济。他深受一些经济学家的影响,尤其是纲纳·缪达尔(Gunnar Myrdal)。多年来,这位经济学家的思想与凯恩斯主义不谋而合。

德国的例子

德国的经济也从 1932 年的低谷迅速增长反弹。

那一年，德国的工业生产总值比 1929 年时低 40%，并且失业人口达到了 600 万。到 1938 年，其工业生产比 1929 年时增加了 25%，失业人口数也直线下降。

阿道夫·希特勒知道凯恩斯吗？

凯恩斯当然不认同希特勒的独裁统治。

我们的元首并没有受到凯恩斯先生有关"开放经济体"和"民主社会"的观点的影响。

不过，纳粹的政治野心之一——消除大规模失业——则完全是遵循了凯恩斯的观点。希特勒并不需要担心德国国家银行向其抱怨平衡预算的问题。

"最终解决方案"并非凯恩斯主义的解决方案

1933 年 5 月 1 日,希特勒宣布了一个消除失业的四年计划。在需求方面,有莱因哈特公共工程项目。该项目获得了资助,不是通过贷款(1933 年,没人愿意贷出——即使是贷给政府)……

在供给方面,推出了一系列政策来应对失业,包括一个轰轰烈烈的反对妇女就业的运动。

国家和党的官僚机构吸收了大量劳动力。1935 年之后,军方也是如此。

这些计划的成效堪称壮观。失业人口在两年间减少了 300 万,同时工业产出增长了 30%。

对凯恩斯主义的拙劣模仿

在民主国家,通过印发钞票可以有效地为复苏提供资金,但也将导致通货膨胀。

德国从萧条中复苏的情况是典型的凯恩斯主义。但这仅仅因为纳粹的政治野心完全无视刺激措施将会产生长期负面影响。

这个国家并不是自由经济生活的守卫者。

经济生活被视为国家的仆人。

纳粹的目标是**战争动员**!

再现预言!

凯恩斯预见到了纳粹的方法将导致的后果……

拯救美国

富兰克林·D. 罗斯福（Franklin D. Roosevelt，1882—1945）在 1932—1933 年的那个冬天取代**赫伯特·胡佛**（Herbert Hoover，1874—1964），成为美国总统。当时美国的经济状况非常糟糕。

仅短短的四年，国民收入就减少了一半多。有近 1300 万美国人在绝望地寻找工作，这相当于约 1/4 的劳动力人口。各地为失业人员提供住宿和食物的机构也因不断增加的负担而纷纷倒闭。就在罗斯福正式就职的那个上午，美国没有一家银行处于营业状态。现在的问题是代议制民主是否能战胜经济崩溃，是否能避免暴力，甚至像有些人认为的那样，是否能避免出现革命。

阿瑟·施莱辛格（Arthur Schlesinger）*

---

* 美国历史学家。

甚至，连凯恩斯本人也对问题的严重性感到困惑。他写信给莉迪亚说道：

……如果我是总统的话，我也不知道该怎么办，但我希望自己到时候能够想到解决办法……

我用包含一系列措施的"百日新政"来加以应对。

富兰克林·D. 罗斯福

虽然这些措施中的大部分如今都被视为凯恩斯主义，但罗斯福本人并未视其为一个系统性的"凯恩斯主义"计划的一部分，而是将其视为一个脱离困境的方法，直到一切重新回到正常状态。

多管齐下的复苏措施

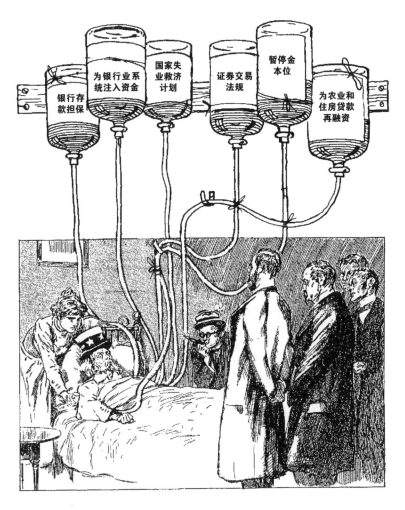

田纳西河流域管理局是美国首次尝试国家推动的社会主义的产物。该局有计划地同时提升物价和工资,尽管看起来有些做法互相矛盾。

在财政政策方面，罗斯福坚持古典平衡预算的观点，节省其他的政府开支，以填补33亿美元的公共工程项目所需。

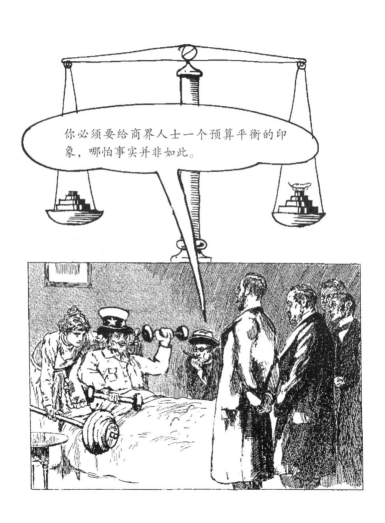

而这样做似乎很奏效,信心立即得到了恢复。1933年3月至7月,工业生产几乎翻了一番。凯恩斯怀疑这一复苏能否持续下去。

凯恩斯满怀希望地认为**乘数**效应将会很强劲。

战争是其中的一个解决办法

不管其他方式是怎么样的，**第二次世界大战**（1939—1945）解决了所有工业化国家的失业问题。同时，还带来了产出的大幅增长。

这使得人们决定采用一切可能的方法，在战争结束后仍然保持充分就业。

从生到死

1942年《贝弗里奇报告》[**威廉·贝弗里奇爵士**（Sir William Beveridge，1879—1963）著]的问世强化了这一情绪。该报告描述了一个为所有人提供终生社会保障的计划。基于第一次世界大战后经济大幅下滑的历史教训，人们普遍担心大规模的失业将会再次出现……

除非政府继续将预防经济衰退放在首位

当时的欧洲存在一种普遍的观点，认为20世纪30年代的统治集团已经失败，因此必须要有一个全新的开始。

如果国家能够为战争进行有效的动员和调动……

……那么，政府现在也应该能够创建更好的和平环境。

为战争买单

凯恩斯在其所著的小书《如何筹措战争费用》中已经有超前的视野了。他的《通论》试图解决需求**不足**的问题，而这本《如何筹措战争费用》则是为了解决如今需求**过剩**的问题。

到战争结束的时候，凯恩斯主义的观点已被财政部完全接受。在1944年，政府公布了《就业政策白皮书》……

政府接受在战后维持就业水平处于高位并保持稳定的观点，并将其作为自己的首要目标和责任。

凯恩斯的观点同样为美国所接受，作为预防20世纪20年代的噩梦再次出现的方法。至此，凯恩斯经济学已经建立起来，它被视为达到充分就业这一遥不可及的目标的基本方法，并成为新的正统经济学。凯恩斯征服了学术界和政治界，不仅是因为凯恩斯的思想成为摆脱衰退的办法，还因为它也是通用的经济稳定政策。

战时和战后的凯恩斯主义

自战争爆发以来,英国政府一直采用凯恩斯主义政策。战时内阁秘书处经济组成员中有几个著名的凯恩斯主义者,如**詹姆斯·米德**(James Meade)和**理查德·斯通**(Richard Stone)。他们和凯恩斯本人一样,对金斯利·伍德(Kingsley Wood)* 的 1941 年预算和 1944 年的《就业政策白皮书》都产生了巨大的影响。

在 20 世纪 40 年代后几年及 50 年代和 60 年代,工党和保守党政府相继采取各种财政和货币措施,以维持充分就业,并希望避免严重的通货膨胀或国际收支失衡。

---

* 英国保守党政治家,1940 年 5 月出任英国财政大臣,同年 10 月至 1942 年 2 月曾一度在战时内阁供职。

在美国，凯恩斯的观点对于政府以及公众对政府角色的态度产生了很大的影响。1946年的《就业法案》以及之后的《汉弗莱—霍金斯充分就业法案》赋予了政府对就业和稳定物价的责任。

凯恩斯对第二次世界大战期间及战争刚结束时英国政府的政策产生了深远的影响。他熟悉如何与最高层打交道，他本人还亲自参与了英国和美国战时高级政策制定的方方面面。

1944 年 7 月 27 日,布雷顿森林协定

在美国和英国的计划之下,布雷顿森林会议召开。凯恩斯和美国财长亨利·德克斯特·怀特(Harry Dexter White)分别是英国和美国的代表。双方都想设计一个自由经济秩序,以避免在因商业战争和竞争性贬值而导致经济衰退和大量失业时再次采取 20 世纪 20 年代和 30 年代的那些有损经济发展的政策。

上周五在新罕布什尔州召开的布雷顿森林会议上,顶级经济学专家亨利·D.怀特(左)和约翰·梅纳德·凯恩斯在一起谈笑风生。

布雷顿森林会议背后的原则是:

1. 通过一个职能和权力明晰的国际机构展开国际货币合作。

2. 通过建立一个国际投资银行来保持稳定的高水平的国际投资。

3. 建立一个没有贸易阻碍的、可自由兑换货币的体系。

4. 支持黄金和货币储备,以预防因短期的国际收支平衡赤字而导致采取对失业不利的政策。

5. 解决国际收支失衡是盈余国和赤字国的共同责任。

国际投资通过**国际货币基金组织**（IMF）实现，后者的宗旨包括：

1. 通过一个常设机构来促进国际货币合作。

2. 扩大世界贸易，以及将就业率维持在高水平。

3. 促进汇率稳定，并在有适当保证的条件下，向其成员国提供资金，以使其有信心来纠正国际收支失调。

国际货币基金组织在 1945 年 12 月 27 日成立运营，当时有 30 个成员国。最初，该机构的工作在某种程度上被**国际复兴开发银行（世界银行）**的光芒所掩盖，后者的任务是复兴欧洲并向那些急需资金的不发达国家提供贷款。在 20 世纪 40 年代和 50 年代，汇率管制、关税和配额制盛行，对 IMF 来说很重要的自由经济政策很难实施，1958 年，欧洲货币与美元实现兑换，这使得 IMF 开始崭露头角。

英国"金融业的敦刻尔克"

凯恩斯比其他任何人都更加意识到英国岌岌可危的金融地位。他警告英国政府，国家可能会面临可怕的未来："金融敦刻尔克"。

凯恩斯被新当选的工党政府派去与美国协商一笔数额高达60亿美元的贷款事宜。

此外，布雷顿森林协定意味着英国货币在一年之内可以自由兑换，而且帝国特惠制*将被废除。最终，英国要在1951年前与其英镑债权人进行清算。

---

* 帝国特惠制是指英国与英联邦其他成员国之间相互提供贸易优惠的关税制度，于1937年在加拿大渥太华举行的帝国经济会议上制定。第二次世界大战之后，由于英国殖民地、自治领地相继独立，英帝国改称英联邦，帝国特惠制遂改称为英联邦特惠制。其主要内容包括：英国对从英联邦其他成员国输入的商品给予免税或减税的待遇，对从成员国以外的国家输入的农产品征收高额关税；而英联邦其他成员国对从英国进口的工业品给予减税待遇，同时提高对从英国以外的国家进口货物的关税率。

"美国真有那么吝啬吗?"

英国并非唯一一个请求美国援助的国家。正如凯恩斯 1945 年秋在上议院所说的……

* sterling area,即以英镑为国际收支手段的国家集团。

"资本主义受到国际保护"

凯恩斯指出，这次协商制定的条款远比同其他欧洲国家达成的条款要慷慨得多。此外，这还是在他自1920年起所倡导的道路上走出的重要一步。

有人不愿意接受这些条款。《经济学人》杂志称……

我们抗战的时间最长、最艰难，这是导致目前我们所面临的困难的直接原因。

从道德层面而言，我们是债权人；但对此，我们在20世纪剩余的时间里，每年需要支付1.4亿美元。这可能是不可避免的，但这是不对的。

我们放着好端端的家事不管。我们不仅自救，还帮忙拯救了**世界**！

"我们从来没这么好过"

凯恩斯主义奏效了吗?答案似乎是肯定的。至少在战争结束后的 25 年里,发达资本主义国家以前所未有的速度繁荣发展。失业率比过去 100 年间的任何时期都要低。

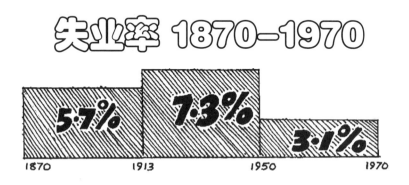

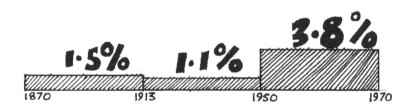

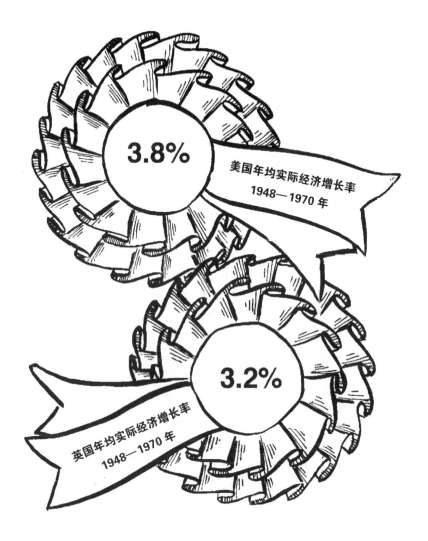

此外,著名的经济周期似乎被凯恩斯主义的需求管理驯服了。虽然经济活动和失业水平起起伏伏,但这些起伏都很温和,甚至衰退也仅仅是"增长型衰退",也就是说,仅是增长放缓。1969 年,马丁·布朗芬布伦纳(Martin Brofenbrenner)出版了其精心研究的成果——《经济周期过时了吗?》。

繁荣! No.1

关于此次繁荣到底在多大程度上是由于政府采取了凯恩斯主义的观点,一直存有争议,有人认为是其他因素带来了繁荣。

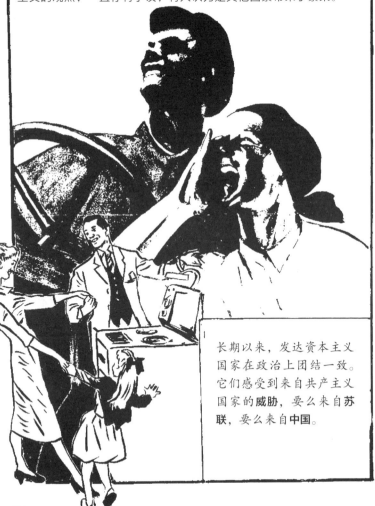

长期以来,发达资本主义国家在政治上团结一致。它们感受到来自共产主义国家的**威胁**,要么来自**苏联**,要么来自**中国**。

大量的**技术革新**亟待开发……

工人们带着萧条时期的强烈渴望工作,这带来了高于平均水平的**表现**,工资**需求**却并没有增加……

关税与贸易总协定下,**贸易**自由化日渐增长。

关税与贸易总协定(GATT)于1947年签订,1948年1月1日起实施。其主要作用是依据协定的两条原则进行一系列的关税协商谈判。

1. 各国之间的关税应基于非歧视原则。

2. 已有的最惠国待遇应通过谈判协商而逐渐减少,直至最终取消。

虽然关税与贸易总协定因受制于权力的缺乏,而无法强制各国消除其控制,但在接下来的40年间,它成功地使国际贸易限制稳步减少。

凯恩斯主义的"微调"

诚然，凯恩斯本人从来没有主张过继任英国政府所采用的"微调"策略。相反，他主张战略性的"投资社会化"，也就是说，应采取措施来鼓励对公共和私人部门进行投资。

我们需要稳定的长期计划——而不是反周期微调战略！

我会修好那台钢琴的！

然而，政府继续采取积极的凯恩斯主义政策，并认为当面临需求崩溃时，应采取扩张性的财政措施。在英国，政府一直采用凯恩斯主义政策，直到20世纪70年代。

需求微调

在 20 世纪 50 年代早期和晚期、60 年代早期以及 70 年代早期,需求水平时常低于生产潜力。政府采取了一系列措施,以提高有效需求。

菲利普斯曲线

20世纪50年代末，A. W. 菲利普斯（A. W. Phillips）对过去100年间英国的经济情况进行了研究，他注意到：失业率水平与货币工资增长率之间存在负相关关系。当失业水平高时，工资增长缓慢，而当失业水平低时，工资则增长迅速。这是符合常识的。

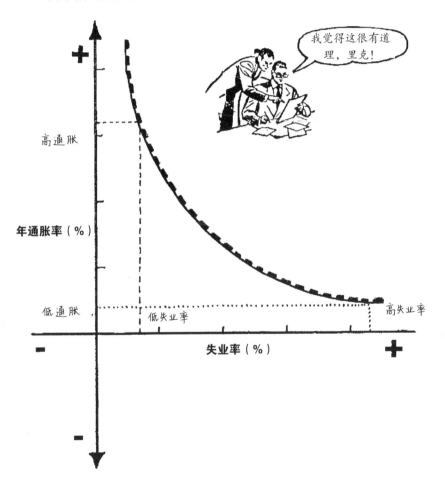

这意味着，人们不得不接受通货膨胀和失业率之间此消彼长的关系。

"当失业率和通货膨胀双双上涨时,将会发生什么?"

在20世纪60年代末和70年代,随着失业率和通货膨胀的双双上涨,菲利普斯曲线向上方和右方移动。

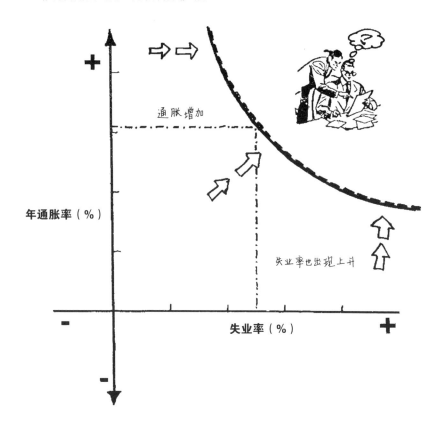

到20世纪70年代中期,人们对凯恩斯和菲利普斯感到厌倦,因为他们没能提供任何有效的办法来解决失业问题或通货膨胀。一直以来,凯恩斯的批评者都将矛头指向预算赤字的内在危险,尤其是通货膨胀。但在战后的25年间,通货膨胀几乎没有构成什么威胁。美国的通胀率平均为2.5%,英国则为4.1%。按照早期的标准来看,这样的通胀率算是高的了,但以20世纪70年代的标准来看则不算什么。

与此同时,在美国……

肯尼迪政府里充斥着致力于充分就业的凯恩斯主义者。

在此之前,艾森豪威尔更钟情于通过财政扩张来打击通胀的苗头。

增加联邦支出,以及随后的减税带来了8年的繁荣。在20世纪60年代末,新任命的尼克松总统说道……

20世纪70年代凯恩斯被抛弃

20世纪70年代早期,布雷顿森林体系崩溃,商品价格出现爆炸性增长,尤其是石油价格,宣告了自1945年以来工业化国家稳定的、低通胀增长时期的结束。

此时,凯恩斯主义政策似乎不再奏效,而新的**货币主义**(monetarism)流行了起来。

什么是货币主义?

货币主义否定了战后凯恩斯主义的观点。

政府不应该插手操控需求水平。

为了维持充分就业,不可以接受轻微的通货膨胀

* 原文为 true blue,为英国保守党的颜色。

纯蓝*

"新"古典经济学家

米尔顿·弗里德曼(Milton Friedman,生于1912年)是货币主义学派的代表人物。该学派回归到那些被凯恩斯批评的19世纪的古典经济学家的观点。

自然失业率

货币主义者批评那些受凯恩斯影响的政府试图将失业率控制在所谓"自然失业率"水平之下。

由于之前的错误,如果通胀率被认为过高,那么将减少货币供给,以降低通胀率,即使在短期这样做会导致失业率*上升*。

"那么高失业率是怎么回事?"

如果这样做将导致失业率处于高位,那么应对方法不应该是将失业率降到自然失业率以下,而是要降低自然失业率本身。要达到这一目标,靠的不是宏观经济措施,而是微观经济措施,或是人们称为的"供给学派"("supplyside")的措施。

货币主义者认为，工会的力量已经发展得过于强大，而且缺乏灵活性。（凯恩斯也不是工会的支持者。）在20世纪60年代和70年代，工会缺乏灵活性被指责为造成**失业和通货膨胀双双上升**的罪魁祸首。

信奉货币主义的"塞尔斯登人"

英国首相爱德华·希斯（Edward Heath，因保守党在塞尔斯登公园酒店召开会议时泄露了一份有关激进的"货币主义"的声明文件，而被称为"塞尔斯登人"），自1970年起开始对货币主义政策感兴趣。失业人数在1972年初时达到了创纪录的**100万**人，为此他有些退缩。

即便是20世纪70年代末的工党政府，在1976年金融危机后，也被迫采取了那些被认为是反凯恩斯主义的政策。首相卡拉汉在1976年的工党大会上对那些持怀疑态度的代表说道……

现在，为了塞尔斯登女人！

首相玛格丽特·撒切尔信奉货币主义政策，包括减少货币供给以及改善经济的供给方面。

货币主义者和撒切尔夫人的主要目标是工会。撒切尔夫人曾说，长久以来，工会滥用其垄断势力，使工资一直高于市场出清率。

只雇用特定工会会员的战略阻碍了那些准备接受"市场"工资水平的人进入工作岗位。

如果实际工资下降,那么就有更多的人可以就业。降低自然失业率正是货币主义者的主要目标。

货币主义者应对失业的办法

货币政策的立场应以货币供给的行为来进行评判,而非利率。通货膨胀将导致失业,而造成通货膨胀的原因则是货币过多。因此,要减少通货膨胀并最终降低失业率,则必须削减货币的供应。

货币政策是通过调节货币的供给和利率来**控制信贷**,而财政政策则基本上就是征税。相比财政政策,货币政策应该成为稳定经济更有力的工具。

弗里德曼的观点掀起了学术界的激烈辩论,而且还被政治势力所利用,以此来攻击导致通货膨胀加剧的国家支出和对市场的干预行为。

货币主义者出现的时机真是太妙了。

滞胀

米尔顿·弗里德曼辛苦工作了一辈子,为其货币主义观点进行辩解。20世纪70年代出现的滞胀(增长停滞的同时出现高通胀)为那些现实的政治家采纳他在其著作《自由选择》(Free to Choose)中的观点提供了绝佳的条件。

货币主义奏效了吗?

在英国,凯恩斯主义的需求管理被彻底抛弃了。预算赤字减少,货币供给增长放缓。

货币主义政策有哪些"副作用"呢?

1980年6月,撒切尔夫人的支持者米尔顿·弗里德曼在下议院财政和公共事务委员会上说道……

货币主义的失败

通货膨胀确实得到了抑制,可有人认为这与货币供给没有任何关系,只与失业率的增长有关。

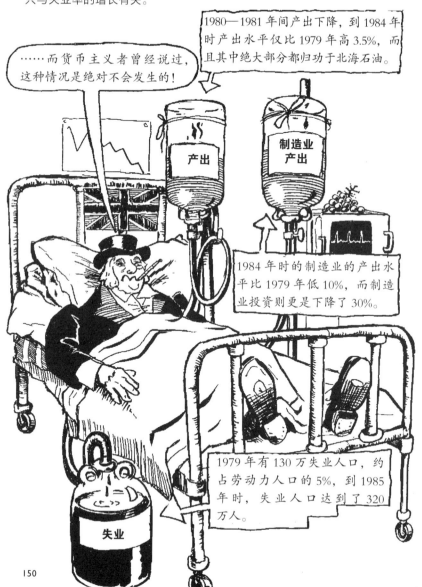

那么，里根经济学呢？

里根总统也宣称自己是货币主义政策的拥护者。那么，美国的情况是否会好一些呢？

是的。

那么，货币主义在美国奏效了？

并没有。

因为不管里根是怎么说的或者他认为自己是怎么做的，实际上他所施行的并非货币主义政策，而是**凯恩斯主义**政策。

预算赤字从 1980 年的 600 亿美元（约占国内生产总值的 2%）上升至 1985 年的 2000 亿美元（约占国内生产总值的 5%）。

将 20 世纪 70 年代的滞胀归咎于凯恩斯主义政策，这样做合理吗？

造成 20 世纪 70 年代全球性通货膨胀的主要原因是越南战争，以及美国政府拒绝用增税来支付战争费用。毋庸置疑，凯恩斯肯定会主张增税。他在其著作《如何筹措战争费用》(How to Pay for the War)中解释了战时所增加的政府支出是如何引发通货膨胀的。

约翰逊总统一直忽视他的那些持凯恩斯主义观点的顾问的意见，直到 1968 年，那时"通货膨胀已成为一匹脱缰的野马，不断上涨"。

自相矛盾的凯恩斯

人们可能会说,凯恩斯主义因为那些不可能发生的情况而受到指责,如果凯恩斯还活着,他会控制事态的发展。

在对凯恩斯进行研究之后我们发现,由于他在某些关键问题上表现得自相矛盾,从而很难将其归类。例如,有时他大力主张自由贸易,以此反击贸易壁垒能够减少失业的观点……

……贸易保护主义者的谬论简直荒唐至极……我相信自由贸易……这是唯一的在技术上合理且在理智上正确的政策。

后来,他又宣称支持贸易保护主义。

对于工人阶级,他是支持还是蔑视呢?关于大罢工,他这样说道……

他也不那么喜欢工会。

曾经的被压迫者，如今的暴君，他们自私、片面和自负，人们应该勇敢地起来反对他们。

他对商人也很不给面子,认为他们懒惰、愚蠢。他还发现存在着"富不过三代"的现象。

他认为,在 20 世纪 20 年代和 30 年代的英国,到处都是第三代商人。他曾在 1945 年时说道……

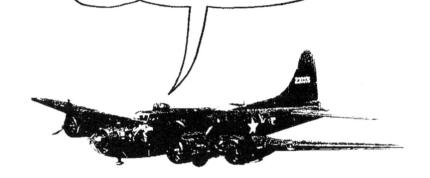

如果哪天由于不幸的地理位置因素的影响,美国空军(现在想要寄希望于敌人,已经太迟了)要摧毁东北海岸沿线和兰开夏郡的每一座工厂(在只有工厂董事会成员坐在那里的一个小时内),那么我们也不必担心。不然我们还能怎样得到那些对于成功如此必要的无经验*呢?我不敢妄加揣测。

---

*作者的意思是:经验丰富其实对经济并不是好事,不那么有经验反而更有利于商业发展。

但另一方面,他对商人**萨缪尔·考陶尔德**(Samuel Courtauld,1876—1947)却十分友好。凯恩斯认为应该鼓励商业投资,以带动经济并减少失业。

企业必定是要追逐利润的。

"对利润的期望,部分取决于非货币因素的影响,包括和平与战争、发明创造、法律、种族、教育、人口等等。但是,如果他们想要项目以他们所认为的具有吸引力的条款来实施的话,就得完完全全依赖于银行业和货币体系。"

关于凯恩斯的传说

慢慢地,坊间流传起关于凯恩斯的传说。

首先是,他宽容通货膨胀。

然而,事实并非如此。

凯恩斯一生都反对通货膨胀。

按照资本主义工业原则组织的现代二元结构社会无法应对价值标准的剧烈波动,无论是向上还是向下的波动。这一社会结构安排假设并绝对要求有一个合理稳定的标准。除非我们给它这样一个标准,否则这个社会将患上致命的疾病而无法存活。只有明智地按照新的标准来规范货币和信用的创造,才能保护我们的社会免受社会主义和共产主义发明家的攻击和批评。

其次，他提倡所谓"微调"，即在短期内对财政政策进行调整，以熨平经济周期。英国政府自战争以来就一直沉溺于这样的微调，尤其是在20世纪60年代和70年代，其中最受欢迎的是改变有关购买耐用消费品的信贷限制。然而，凯恩斯并不支持这样的短期行为。

凯恩斯、金本位和汇率机制

通过比较 20 世纪 20 年代和 30 年代的金本位与 80 年代末为欧洲货币建立一个稳定的**汇率机制**的尝试,我们可以发现一个有意思的且重要的凯恩斯主义教训。

金本位和汇率机制都试图通过确保国际竞争来迫使制造商降低成本,从而实施稳定的货币政策——在这两种情况下,成本的降低都是通过**裁员**来实现的。在一定的时间内,这个战略可能会奏效,而我们最终也可能会实现工业的低成本和高效率。但不幸的是,这将是一段很漫长的时期,将会持续很多年,甚至是几十年。而在现代民主国家,人们不可能忍受这样的牺牲出现。

1992年9月16日，黑色星期三。在这一天，伦敦的投机者疯狂地做空英镑，其背后隐藏的是什么动机呢？同其他主要货币一样，英镑的汇率与以高利率支撑的、表现强劲的德国马克挂钩。当美国为了终结衰退而下调其利率时，美元不可避免地出现了暴跌，这给所有处于汇率机制之下的欧洲主要货币都造成了巨大压力。而英国的利率本身就很高（1989年时达到15%），于是经济面临着进一步衰退和恶化的威胁。

首相约翰·梅杰幻想着英国民众已经做好准备忍受多年的深度衰退，以确保实现**零通胀**这一神奇的目标。他认为，如果英镑继续与德国马克挂钩（而英镑对德国马克的汇率被高估了），那么这一目标便可以实现。

英镑暴跌,并被迫退出了汇率机制,其利率随即大幅回落。

全球化与互联网泡沫

在经历了 20 世纪 80 年代的通货膨胀之后,90 年代早期出现了经济衰退(比 20 世纪 30 年代和 2008—2009 年的衰退更为温和)。随后,不仅是英国,其他发达国家也都经历了较长时期的增长(1993—2008 年)。而这一增长是由诸多因素造成的。

首先是科技的发展。个人电脑开始普及,几乎所有受过教育的人都拥有自己的个人电脑,甚至儿童也开始拥有个人电脑。网络成为最受人们欢迎的获取知识和传播信息的途径,甚至在某些情况下成为唯一的途径。这使得与网络相关的产品制造出现了爆炸式的增长。其次,通信技术也取得了巨大进步。和电脑一样,不论男女老少,几乎人人都拥有属于自己的手机。

为了推动这类新产品的增长,世界金融系统以历史低利率水平向那些潜在的借款人提供了前所未有的大量资金。通货膨胀从 20 世纪 70 年代和 80 年代时的高位下降,这得益于在低成本国家生产这类新的电子产品,诸如印度和中国。

现在谁还需要凯恩斯啊?在没有国家帮助的情况下,自由市场能为我们提供美好的生活。没人需要政府提供资金来购买这些新玩意儿。充分就业以及很容易从银行获得贷款,使得人人都能购买自己所需要的东西。

那么,这样下去会出现什么样的情况呢?通货膨胀下降,贪婪将导致严重的后果。在世纪之交,世界各地的银行将钱贷给那些没有偿还能力的人,他们只能勉强支付贷款利息,就更别提偿还本金了,尤其是在美国和英国。随着越来越多的这类从银行贷款获得的资金流向市场,通货膨胀这个丑陋的老怪兽又开始活跃起来。在 2007 年和 2008 年上半年,无论是诸如铜、铁一类的硬金属,抑或是诸如粮食一类的软商品的价格,都纷纷暴涨,尤其是石油(石油价格在 2008 年 7 月达到每桶 147 美元,而在世纪之初时仅为每桶 20 美元)。

2007 年年中,情况开始变糟,英国政府被迫将北岩银行 * 国有化。2008 年,美国政府先是组织救助了一家大型银行——贝尔斯登 **,随后另

---

* Northern Rock,成立于 1965 年,英国五大抵押贷款银行之一。
** Bear Stearns,成立于 1923 年,原美国华尔街第五大投资银行之一,全球 500 强企业。

一家银行(雷曼兄弟*)倒闭。这引发了一场全球性的危机,到2009年年初,演变为一场堪比20世纪30年代大萧条的全球危机。

那么,凯恩斯会如何加以应对呢?

首先,他不会对信贷市场的繁荣视而不见,任其累积增长。他将震惊于日益放松的金融监管。他对银行有可能会很严厉。20世纪30年代时,他曾说过:

> 当一国的资本发展变成赌场活动的副产品时,情况肯定会变得糟糕。

2008年末,《观察家报》曾刊登一篇文章,分析凯恩斯可能会如何应对:

> 对于凯恩斯来说,金融体系与实体经济相互作用,这是资本主义存在的与生俱来的问题。我们把钱放在银行储蓄起来,却没有本票表明我们将在何时把这笔钱花出去,于是幽灵便一直徘徊在经济中,无论支出过多或是过少。而财政的作用就是要将这些储蓄回收并用于投资,以维持需求、生产和就业处于一个均衡的水平。

曾受到撒切尔夫人及其支持者大力称赞的弗里德里希·哈耶克**(Friedrich Hayek)完全不赞同凯恩斯的观点。即便如此,哈耶克评价凯恩斯是:

> 我所见过的最伟大的人,我对他无比尊敬。

回来吧,凯恩斯。我们需要你。

凯恩斯回来了!

---

* Lehman Brothers,成立于1850年,美国第四大投资银行。
** 哈耶克(1899—1992),著名经济学家,曾在1974年获得诺贝尔经济学奖。

约翰·梅纳德·凯恩斯的著作

《印度货币与财政》(*Indian Currency and Finance*)

《和平的经济后果》(*Economic Consequences of the Peace*)

《货币改革论》(*A Tract on Monetary Reform*)

《货币论——货币的纯理论》(*A Treatise on Money — The Pure Theory of Money*)

《货币论——货币的应用理论》(*A Treatise on Money— The Applied Theory of Money*)

《就业、利息和货币通论》(*The General Theory of Employment, Interest and Money*)

《概率论》(*A Treatise on Probability*)

参考文献

Keynes, Beveridge and Beyond Tony Cutter, Karen Williams and John Williams (Routledge and Kegan Paul, 1986)

The Making of Keynes' General Theory Richard F. Kahn (Cambridge University Press, 1984)

J. M. Keynes in Retrospect Ed. Derek Crabtree and A. P. Thirlwall (Macmillan, 1980)

Macroeconomics after Thatcher and Reagan John N. Smithin (Edward Egar, 1990)

The Cambridge Apostles; The Early Years Peter Allen (Macmillan, 1951)

The Life of John Maynard Keynes R. F. Harrod (Macmillan, 1951)

Maynard Keynes – An Economist's Biography D. E. Moggridge (Routledge, 1992)

Keynes' Monetary Thought D. Patinkin (Duke University Press, 1976)

Bloomsbury Portraits Richard Shone (Phaidon, 1976)

John Maynard Keynes Vol.1, Hopes Betrayed 1883-1920 Robert Skidelsky (Viking, 1985)

John Maynard Keynes Vol.2, The Economist as Savior 1921-1937 Robert

Skidelsky (Macmillan, 1992)

Never Again, Britain 1945-1951 Peter Hennessey (Jonathan Cape, 1992)

The People's Peace, Britain History 1945-1989 Kenneth O. Morgan (Oxford University Press, 1990)

One of Us Hugo Young (Macmillan, 1989)

Post-War Britain Alan Sked and Chris Cook (Penguin, 1979)

The State We're In Will Hutton (Jonathan Cape, 1995)

John Maynard Keynes ed. Soumitra Sharma (Edward Elgar, 1998)

The Keynesian Revolution Essays of Robert Eisner (Edward Elgar, 1998)

Keynesianism and the Keynesian Revolution in America ed. O. F. Hamouda and B. B. Price (Edward Elgar, 1998)

From Boom to Bust David Smith (Penguin, 1992)

The Chancellors Roy Jenkins (Macmillan, 1998)

Margaret Thatcher, the Downing Street Years Margaret Thatcher (HarperCollins, 1993)

The Keynesian Revolution and its Economic Consequences Peter Clarke (Edward Elgar, 1998)

致谢

插画助理

Glenn Ward

Sarah Garratt

图片研究

Helen James

Deborah Wood

Maureen Mortlock

索引

艾森豪威尔，德怀特 131

巴黎和会 30
贝弗里奇报告 109
庇古，亚瑟 40，66
边际消费倾向 94—96
布雷顿森林体系
　协议 114，117
　崩溃 132
布鲁姆斯伯里团体 13，22，42

财政部 51，93，108
产出和就业 149
偿还赔款 36，61
乘数效应 95—96

大罢工 80
第二次世界大战 108
第一次世界大战 26

凡尔赛和约 30，40
菲利普斯曲线 129—130
弗里德曼，米尔顿 48
　货币主义 132，142—144
福尔克，奥斯瓦尔德 63

工会，凯恩斯的观点 138
工人阶级，凯恩斯的观点 156—157
工资 53，55，78，79，80，101
公务员 16
供给学派 137
古典货币数量论 18—21
股价，美国 56—57

关税与贸易总协定 125
国际货币基金组织 115
国家支出委员会 83

哈罗德，罗伊爵士 11
哈耶克，弗里德里希 169
和平的经济后果 35
黑色星期三 54，164
华尔街大崩盘 58—59
怀特，亨利·德克斯特 114
黄金 19—20
　外流 83
　储备 83
　金本位 19，48，164
汇率机制 49，164—167
汇率政策 50
货币改革论 48
　凯恩斯教授货币理论 42
货币主义 132

加速原理 77—79
剑桥
　使徒会 12
　艺术剧院 47
　国王学院 12，17
节俭 20
经济周期 72，75，163
就业
　创造就业 95
　充分就业 86，91

卡恩，理查德 96
凯恩斯，约翰·梅纳德

出生 4
远见 36—43
同性恋 44
为报纸、杂志撰写文章 43
结婚 44
楷模 14—15
教授经济学 17
在财政部工作 28
凯恩斯,约翰·内维尔 5—7
凯恩斯主义
  微调 126
  德国 98,100
  美国 103—107
考陶尔德,萨缪尔 161
柯立芝,卡尔文 34
肯尼迪,杰克 131

李嘉图,大卫 67—69
卢波科娃,莉迪亚 44—47
罗斯福,富兰克林·德拉诺 103—106

马尔萨斯,托马斯·罗伯特 68
马克思
  失业 72
马歇尔,阿尔弗雷德 5
梅杰,约翰 49
英镑贬值 165
美国
  就业法案 113
  社会主义 105
米德,詹姆斯 112
缪达尔,纲纳 97
摩尔,G.E. 14—15

纳粹 101
尼克松,理查德 131
配给制,20世纪50年代 127
丘吉尔,温斯顿 53

金本位 81

撒切尔,玛格丽特 55,142
萨缪尔森,保罗 64
萨伊,J.B. 70
失业
  德国消除失业 100—101
  高失业率 137
  通货膨胀 136,144
  自然失业率 136
  瑞典 97
施莱辛格,阿瑟 103
史蒂芬,莱斯利 22
世界银行 115
数量理论 19
斯基德尔斯基,罗伯特 42
斯密,亚当 67
斯特雷奇,利顿 12,24
斯通,理查德 112

通货紧缩 49,53—55
通货膨胀 2,101,130
  凯恩斯论通货膨胀 110
  与失业 130
  美国 151—152
通论 64

微调 126,163
伍尔夫,伦纳德 12,23,46
  弗吉尼亚 46

希特勒,阿道夫 98—100
消费品 76
萧伯纳 88
信贷约束 55

英镑
  贬值 85

约翰逊，林登 153
越南战争 153

债务，协约国 32—33
张伯伦，内维尔 87
政治经济学俱乐部 17
滞胀 147
资本品 59，76
自由贸易 154